美育实践丛书

美育实践活动手册
第六册

深圳市龙华区民治中学教育集团　编

暨南大学出版社
JINAN UNIVERSITY PRESS

中国·广州

图书在版编目（CIP）数据

美育实践活动手册. 第六册 / 深圳市龙华区民治中学教育集团编. -- 广州 ： 暨南大学出版社，2024. 11. （美育实践丛书）. -- ISBN 978-7-5668-4047-9

Ⅰ. G624.703

中国国家版本馆 CIP 数据核字第 2024P68K96 号

美育实践活动手册（第六册）

MEIYU SHIJIAN HUODONG SHOUCE（DI-LIU CE）

编　者：深圳市龙华区民治中学教育集团

出 版 人：阳　翼

策　　划：周玉宏　武艳飞

责任编辑：黄　斯

责任校对：刘　蓓

责任印制：周一丹　郑玉婷

出版发行：暨南大学出版社（511434）

电　　话：总编室（8620）31105261

　　　　　营销部（8620）37331682　37331689

传　　真：（8620）31105289（办公室）　37331684（营销部）

网　　址：http：//www.jnupress.com

排　　版：广州良弓广告有限公司

印　　刷：广州市金骏彩色印务有限公司

开　　本：787 mm×1092 mm　1/16

印　　张：5.375

字　　数：117 千

版　　次：2024 年 11 月第 1 版

印　　次：2024 年 11 月第 1 次

定　　价：30.00 元

总 序

小小少儿郎，

背起书包上学堂。

花儿笑，

鸟儿唱，

夸我读书忙。

一首简短的儿歌，唤起我们多少美好的回忆，激起我们多少动情的联想。

在绿树成荫、花香四溢的校园里，和老师同学们一起读好书，那是多么幸福的时光。

好书是生活的伴侣，是攀登的阶梯，是前行的灯塔。

读好书，好读书，是人生一种美好的享受。

读书有三条路径，三条路径通向三重境界。

第一条，读纸面的书，读网络的书。

第二条，读社会的大书，读人生的大书。

第三条，用眼、用心、用行动，去审读，去体悟，去品鉴，去实践，去升华，去创造一本精美的人生之书。

这本书，有字无字，有声无声，有形无形，有涯无涯。它奥妙无穷，浩瀚无垠，囊括天地、宇宙、人生、过去、现在、未来，它是一本无与伦比的绝妙好书。

三条路径，三重境界，都指向美好的人生。我们提倡知行，并超越第一、二重境界，实践并飞渡第三重境界。那是一个美心、美德、美行、美我、美人、美众的大美境界。

　　你手中的这套"美育实践丛书"，就是引导我们进入第三重境界的新书、好书、奇妙之书。

　　这套"美育实践丛书"，核心是"美育"，关键是"实践"。"美育"强调"三自"：自主、自觉、自动地拥抱美；"实践"要求"三实"：扎实、踏实、真实地践行美。在实践中自我培育美感，在生活中共同参与审美，在一生中自觉实践、创造美好。通过实践，一起发现美、感知美、鉴赏美、升华美、创造美，一同达到美育活动的全新境界。

　　美在读书中，美在行动中，美在我们心中、手中，在我们日常的一言一行中，在我们人生不懈的追求中。美浸染着我们的生活，滋润着我们的心灵，塑造着我们的人格。实践吧！美，就是你、我、他，就是人生、社会、世界大家庭，就是人类大同，就是人类命运共同体。让我们以美为桥梁、为纽带，连接彼此，以美培元、以美润心、以美育德、以美启智，共同编织一个和谐而充满希望的明天！

2024 年 8 月

CONTENTS

目 录

诗意姓氏

寻根问祖，感受生生不息的精神

鹏鹏，你知道姓氏是怎么来的吗？

"姒"姓是夏朝的国姓，是一个有着 4000 多年历史的姓氏。"姒"姓的祖先是被世人千古传颂的中国古代治水英雄大禹，他们的图腾是"薏苡"。在历史的演变中，"姒"衍化出的分支姓氏有廖氏、夏氏、曾氏、相氏、鲍氏、欧阳氏等。

最早的姓氏来源于部落的图腾。在原始社会中，人们把某种动物、植物当作自己的亲属或保护神，祈求它们保护自己，并将其画为图腾。在原始人类眼中，图腾实际上就是自己崇拜的精神力量。这种图腾不仅是自然形象，还体现了血缘关系。

我是治水英雄大禹，薏苡是我们氏族的图腾，我的姓"姒"就是从"苡"的图腾演变而来的。

姓氏除了源于图腾，还有哪些来历呢？

我是炎帝神农氏，生于姜水边，所以我姓"姜"。

我的祖先是舜，但在妫满去世后，我的先人就以封地"陈"为姓啦！

陈

姜

我们陶氏可是从上古时期就开始制作陶器啦！

姓氏起源

陶

史

我姓"史"，我的祖先是……

你姓什么？你的姓氏是怎么来的？

姓氏：_____

起源：_____

_____

　　姓氏是标示家族血缘关系的符号。以图腾为姓，以国为姓，以居地为姓，以官职为姓，以职业为姓，赐姓改姓……须仔细研究，才知道"我"的姓氏从何而来。

按姓氏诞生的顺序，把全班同学的姓氏写在相应的时间轴上，看看有没有奇迹发生？

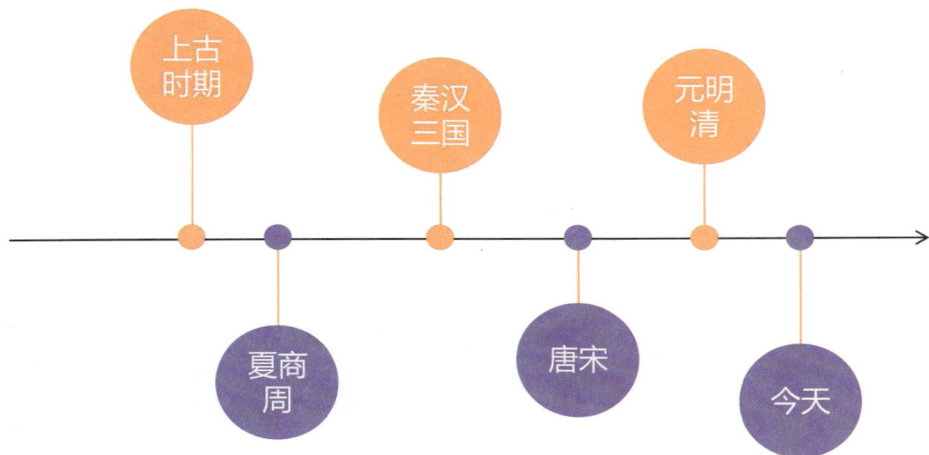

上古时期

秦汉三国

元明清

夏商周

唐宋

今天

　　每一个姓氏都是一部绵延千年的历史，有一些秘密被岁月带走，有一些传承被血脉记录。百样姓氏，百家人生，百段历史，百种美丽。在寻根过程中，你发现了哪些古老的姓氏，把姓氏的演变写下来吧！

姓氏是血脉的传承，是我们的根。

姓氏
核心精神

生生不息

传承与创新，为姓氏之荣誉注入新力量。

宗族凝聚

姓氏将身在异乡、远离故土的中华儿女凝聚在一起。

有根有源

每一个姓氏都是一部绵延千年的历史，有出处、有故事。

个人符号

姓氏是我们每个人的身份符号，陪伴你我终身。

重视汉字的中国人，也将美好寓意赋予姓氏。从尊崇万物到国泰民安，姓氏从音、形、义上承载着许多美好的寓意。

杨、柳、松、柏、梅、李、江、风、林

慕容、纳兰、上官、东方、百里、南宫

安、宁、温、舒、书、金、甄、孔

这些姓氏你听说过吗？读一读，说一说有哪些美好的寓意？

我们的姓氏真美！找找和姓氏有关的艺术作品，好好欣赏！

（万沐凡刻印/供图）

给自己刻一个姓名章，并请全班同学盖章（或者签名）。

六年＿＿＿＿＿班

孔子不姓孔

孔子是中国古代伟大的教育家、政治家和思想家，儒家学派的创始人，被后世尊为至圣先师、万世师表。

你知道吗？"孔"并不是孔子的姓，而是他的氏。孔子的姓是"子"。孔子的姓氏经历了从子姓到孔姓的转变。

宋国的始封始祖是商纣王帝辛的哥哥微子启——子姓，宋氏，名启。孔子的祖先弗父何（子姓，名何，字弗父）是宋国国君的后代，按照周朝的礼仪，五世亲尽，别为公族，姓孔氏。这一变化标志着孔子家族从子姓转变为孔姓。

孔姓还有哪些伟大的人物呢？他们有哪些值得我们学习的品格？

孔姓名人堂

（　　　）姓名人堂

我的姓氏也有很多名人，我要和爸爸妈妈一起找！

家规家训，是家谱的重要内容，用于治家教子、修身处世。读一读，说说你的体会。

习闲成懒，习懒成病。

（颜之推《颜氏家训》）

一粥一饭，当思来处不易；半丝半缕，恒念物力维艰。

（朱柏庐《朱子家训》）

非淡泊无以明志，非宁静无以致远。

（诸葛亮《诫子书》）

在这些家规家训中，你发现了哪些优秀传统美德呢？

修身	齐家	其他

"一时之语，可以守之百世；一家之语，可以共之天下。"家庭是社会的基本细胞。家和万事兴，家规维护着家族的绵延，守护着国家的兴荣。

姓氏是家族的符号，伴随每个人的一生。虽然时代在不停发展与改变，但我们对自己姓氏的热爱从未改变。因为姓氏藏着我们的血脉之源、文化之根。

艺术家王大有依据甲骨文、金文和古书上的族徽形象，设计了一套姓氏图腾，让人亲近祖先和传统文化。

刘姓图腾，原为"留"，由"卯"和"田"组成，后来演变为"刘"。其中"卯"为十二地支之一，对应二十四节气的春分；"田"为占卜用的建木所立之处，代表着四季；旁边的金刀为雕刻标记太阳光影刻度的工具。这显示刘氏一族可能与天官勘测有关。

卢姓图腾，由"虎""胃""皿"组成。"胃"表示卢姓祖先生活过的渭水。"虎"表示卢姓氏族曾经与白虎族联姻。"皿"表示卢姓祖先擅长制陶器。

你会怎样设计姓氏图腾呢？

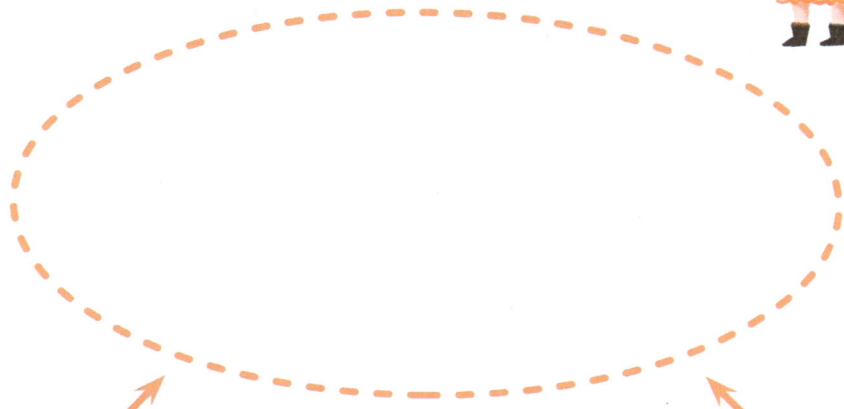

字源

神话

艺术

家规家训是传统文化的一部分，对个人、家庭乃至国家都有着重要的作用，它约束着个人的行为，维护着社会的秩序。你的家规家训是什么？请写下来。

数字化美育实践基地

　　请你调查一下自己家族的家规家训都包含着哪些故事。将你的调查结果上传至数字化美育实践基地，分享一下你的发现！

关于＿＿＿＿氏家规家训的研究报告

一、问题提出

　　你的姓氏有哪些流传至今的家规家训？这些家规家训中蕴含哪些美好的品格？这些家规家训有没有变化？

二、研究方法

　　1. 利用网络查阅资料。

　　2. 采访亲族或长辈。

　　3.＿＿＿＿＿＿＿＿＿＿＿＿＿＿＿＿＿＿＿＿＿＿＿＿＿＿＿＿。

三、资料整理

家规家训	
家规家训的由来	
家规家训蕴含的品格	
家规家训的故事	

粤韵芳华

赏粤剧，品艺术，领略南国红豆之美

粤剧是具有浓郁岭南文化特色的传统戏曲，在广东已经传唱了三百多年，周恩来总理将其誉为"南国红豆"。

粤剧是广东首个列入世界非物质文化遗产名录的项目。不过粤剧申遗并非一帆风顺，早在 2003 年，粤港澳三地政府联合申遗，却因经验不足等原因失败。但粤剧界并未因此失去信心，经过多番努力，在粤港澳三地文化界的鼎力支持下，粤剧终于在 2009 年申遗成功。

请同学们一起欣赏粤剧《昭君出塞》选段，可从"唱、做、念、打"即唱功、身段、念白和武打四个角度欣赏。

请同学们把观察到的粤剧特点记录下来。

唱　甜、脆、圆、润、娇

做

念

打

一台成功的粤剧，除了需要台前演员有过硬的本领，还需要幕后团队的共同努力。

你还知道哪些群体为演绎好一台粤剧默默付出吗？请记录下来。

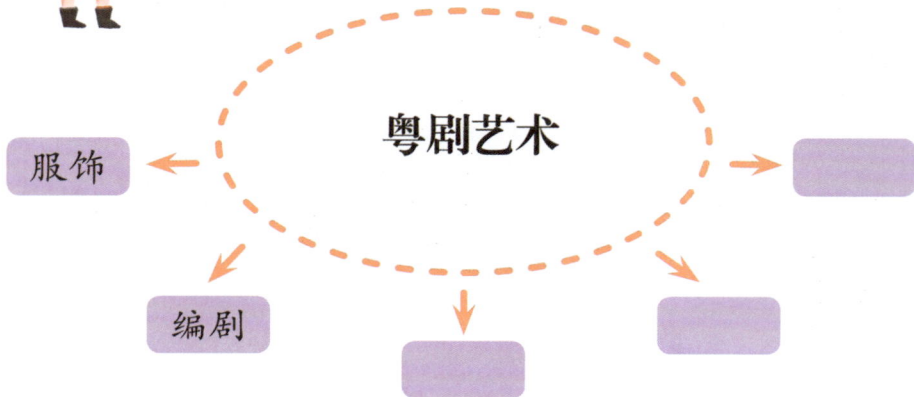

粤剧艺术

服饰

编剧

快看，粤剧的服饰好精美呀！

粤剧服饰融合了广绣，图案精美立体、工艺细致出彩，有很高的观赏性。比如昭君的服饰，不论材质、颜色，还是图纹、样式都很有讲究，从头饰到衣服都非常精美、有特色，使得服饰整体显得隆重而庄严。

根据粤剧服饰的色彩、图案、工艺的不同，可以区分人物的身份和性格特点。你能辨认出下图中的人物吗？

关羽

李香莲

曹操

穆桂英

除了通过图片辨认，还可以通过查阅资料，了解粤剧各角色的服饰特点和表现特点。

戏曲名称	人物名称	服饰特点	表现特点
《曹操 关羽 貂蝉》	曹操	绣山河海水和龙纹	崇高的身份和地位

在粤剧中，除了做工精美的服饰之外，妆容也是可以体现人物特点的重要元素之一。贴片子是粤剧化妆艺术中很重要的部分，不同角色贴片子也很有讲究。正派旦角戴齐片子，反派旦角的片子则会勾勒出一圈圈的样式。

不同角色类型的妆容有明显的差异。花旦是扮相清秀的女角，一般只涂上粉底，然后填上其他鲜艳的颜色。小生是净面无须的男角，一般涂粉底、勾勒眉眼，扮相英俊。净角一般先用白色粉底描画底稿，再加上一些黑色和红色的胭脂。丑角一般有一个大黑点在脸的中央。

你能辨认出下面的角色类型吗？请连一连。

| 丑 | 旦 | 净 | 生 |

你知道粤剧中长长的袖子叫什么吗？

古有"长袖善舞"之说，粤剧水袖表演有"行云流水"的美感。水袖使表演者肢体动作得以延伸，增强了表现力，能放大人物情绪，具有独特的韵味。

水袖除了可以表现肢体美外，还可以表达人物的各种情绪。

情绪表现	动作指导
哀痛、害羞	用一只手扯起另一只手的水袖遮住脸
拭泪	用水袖轻轻地虚拭
握手相拥	双方把水袖轻轻地扬起来，互相搭在一起

除了水袖的柔美，粤剧表演中还有刚劲之美。筋斗、甩发、踩跷、少林拳，还有更高难度的椅子功和高台功等，都是粤剧表演的绝招。

了解了这么多，你能总结出粤剧之美吗？

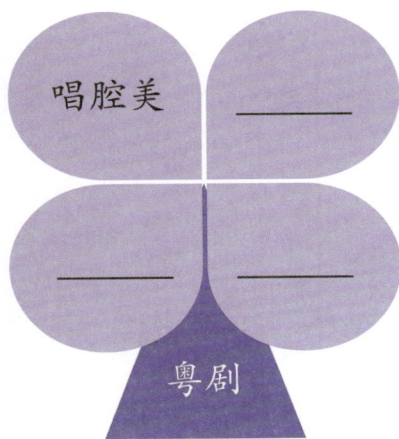

唱腔美
_____
_____
_____

粤剧

粤剧逐渐成为世界上流传最广的地方戏曲之一，是久居海外粤籍华侨华人最想念的故乡音。他们说："有广东华侨的地方就有粤剧，看到粤剧就像回到家乡。"粤剧不仅是一种艺术，更是一种文化凝聚力。

正所谓"台上一分钟，台下十年功"，粤剧艺术家们为了对作品负责，台下付出了很多，每一个动作都要精雕细琢，每一句唱词都要千锤百炼，"一字一曲皆天然，一颦一笑皆有情"。这种艰苦努力、一丝不苟的精神值得我们好好学习。

粤剧能够串联广东人的乡愁，你知道在海外有哪些粤剧团吗？

新加坡
八和会馆

文化
凝聚力

演绎一台粤剧需要集结一个团队。团队需要分工明确，各司其职。只有台前幕后共同努力，才能打造一场精彩的粤剧表演。

让我们跟着以下步骤筹备、演绎一出粤剧吧！

1. 选定剧目

登录粤剧艺术博物馆官网，在影像资料中选定班级要表演的剧目选段。

剧目选段：＿＿＿＿＿＿＿＿＿＿＿＿＿＿＿＿＿＿＿

选段简介：＿＿＿＿＿＿＿＿＿＿＿＿＿＿＿＿＿＿＿

＿＿＿＿＿＿＿＿＿＿＿＿＿＿＿＿＿＿＿＿＿＿＿＿

＿＿＿＿＿＿＿＿＿＿＿＿＿＿＿＿＿＿＿＿＿＿＿＿

＿＿＿＿＿＿＿＿＿＿＿＿＿＿＿＿＿＿＿＿＿＿＿＿

2. 安排分工

根据剧目的角色、妆容、服饰、道具、配乐等安排分工。

	角 色	演 员
演员组		
化妆组		
服饰组		
道具组		
配乐组		

3. 深入开展

（1）演员组

根据选择的剧目，练习"唱、念、做、打"基本功，演员间需配合对戏。

（2）化妆组

查阅相关资料，根据人物的特点，选择合适的妆容，并按以下指引给演员化妆。

| 打底
上胭脂 | 画眉
描眉 | 涂画
嘴唇 | 贴片子
戴头饰 |

（3）服饰组、道具组、配乐组

登录粤剧艺术博物馆官网，在"数字博物馆"之"馆藏精品"中深入了解"戏服""道具""乐器"等。通过查阅资料，为剧目选定符合人物特点的服饰、符合剧目时代背景的道具，为表演选择合适的配乐。

 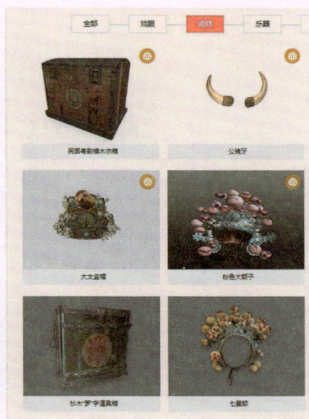 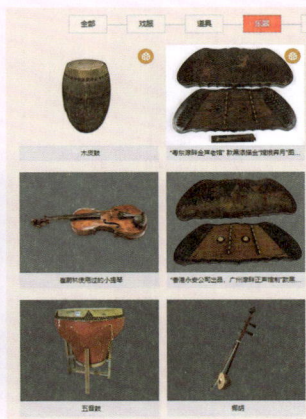

4. 现场演绎

通过团队台前与幕后的合作，共同演绎一出粤剧，并拍摄记录下来。

（本课图片来源于广州粤剧艺术博物馆）

数字化美育实践基地

登录数字化美育实践基地，点击"粤韵芳华"主题实践活动，上传团队的演出视频，并写一篇演出日记。

粤剧演出日记

候鸟家园

赏鸟群、探树林、走栈道、做志愿，享生态和谐之美

美美，你知道吗，深圳福田红树林湿地列入《湿地公约》的《国际重要湿地名录》了！

福田红树林自然保护区是深圳市区内的一条绿色长廊，背靠美丽宽广的滨海大道，与滨海生态公园连成一体，面向碧波荡漾的深圳湾。它不仅是鸟类栖息嬉戏的天堂、植物的王国，也是人们踏青、赏鸟、观海、体验自然风情的好去处，更是一个集科普教育、海滨文化、自然景观、休闲游览为一体的公园。这里不仅空气清新，还能观赏到海浪夕阳，真是太美了！

鹏鹏，这里空气清新、鸟语花香，还有海浪夕阳，真是太美了！

看，天空中飞来了一群又一群＿＿＿＿＿＿。

　　红树林里的候鸟时而展翅翱翔，时而在绿荫中嬉戏，时而落在水边觅食，为宁静的红树林增添了一份灵动，注入了无限生机，见证着红树林在生态环境保护下的改善。我们一起去看看吧！

白鹭

黑脸琵鹭

黑尾塍鹬

红嘴鸥

红树林的候鸟种类真丰富！你能想出哪些词来描述这些候鸟的特点呢？

<u>扁平如汤匙</u> 的嘴

_____的_____

<u>黑白相间</u> 的羽毛

_____的_____

_____的脖子

_____的_____

在红树林自然保护区随处可见的都是红树，它的叶子和果实都是绿色的，但树干是红色的，所以被称为红树。

红树林的生命力特别强，其庞大的根系不仅可以防风消浪、促淤保滩、固岸护堤，还可以净化海水和空气。

很多湿地动物都喜欢在这里生活，古老海洋生物鲎（hòu）也喜欢在这里安家呢！

你知道为什么红树林被称为深圳的生态名片吗？通过查找资料，相信你一定想到了生态循环，快来完成下面的填空吧！

生 态 美

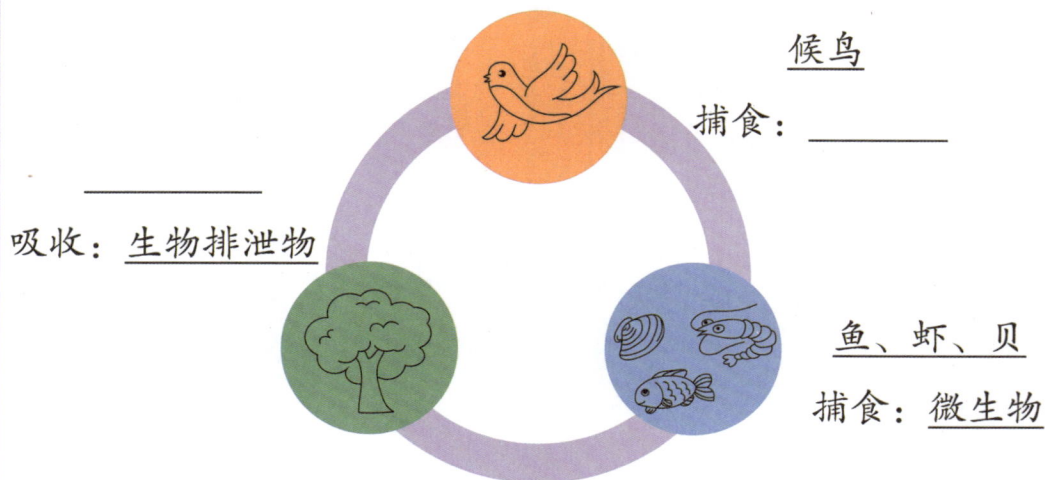

候鸟
捕食：＿＿＿＿＿

＿＿＿＿＿
吸收：生物排泄物

鱼、虾、贝
捕食：微生物

鉴赏美

红树林不只是候鸟的天堂，还是人们户外休闲的天然氧吧。

落日余晖下的红树林栈道，有人在骑行，有人在跑步，有人在赏鸟，尽显和谐之美。同学们，你们会用哪些词语或句子来描述此情此景呢？

和谐美

恰如其分

情景交融

　　原来红树林有那么大的作用，它既是良好的海岸防护林带，又是海洋生物繁衍栖息的理想场所，还是候鸟的快乐家园，让我们一起用相机去记录这些美好吧！

　　快把你的观鸟记录写在这里，和同学们一起分享哦！

我的观鸟记录

鸟的名称	观察设备	观察地点	观察时间	鸟的外形	生活环境

被称为"海岸卫士"的福田红树林生态公园，是深圳的"绿肺"，吸引了无数游客前来游玩。但现在面临水质发黑的问题，时有臭气、腥气，红树林的生长越发稀疏，我们应该怎样拯救"海岸卫士"呢？

"护红树，保生态"行动计划

数字化美育实践基地

请制作"护红树，保生态"行动宣言 Vlog、宣传海报、倡议宣言。（可选择其一）

奇妙烟花

看秀、寻色、品形，感悟烟花绚烂之美

烟花爆竹是以火药为主要原料制成的，火药是中国古代四大发明之一，将其引燃后通过燃烧或爆炸，产生光、声、色、形、烟雾等效果，用于观赏。

宋代诗人王安石曾在《元日》中这样描写燃放爆竹的情景："爆竹声中一岁除，春风送暖入屠苏。千门万户曈曈日，总把新桃换旧符。"由此可见宋代制作烟花爆竹的繁盛以及技术的先进。

请同学们欣赏以下烟花秀，从色彩、形状、图案、意蕴等角度发现烟花之美吧！

庆祝中国共产党成立100周年文艺演出"伟大征程"的烟花表演片段

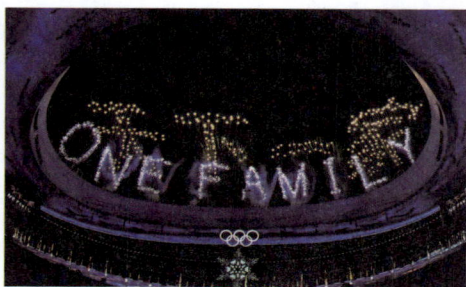

2022年北京冬季奥运会闭幕式烟花表演片段

请你补充发现的烟花之美。

色美	形美	意蕴美	氛围美
红色、黄色、紫色	五角星、五环	"1921—2021"代表了中国共产党成立100周年	感受到了现场人们的激动兴奋
_____	_____	_____	_____
_____	_____		_____
_____	_____		

烟花为什么有不同的颜色呢？

金属在灼烧时能使火焰呈现不同的颜色，所以制作烟花的过程中加入一些金属发色剂，能够使烟花绽放出五彩缤纷的颜色。看，这是不同金属材料加入金属发色剂灼烧后发生的颜色变化。

  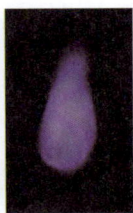  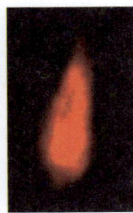  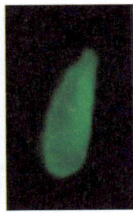

锂	钠	钾	钙	锶	钡	铜
紫红	明黄	浅紫	砖红	洋红	黄绿	祖母绿

下图是深圳世界之窗的烟花表演，你能从图中发现哪些颜色？它们分别对应着哪些金属呢？

深圳世界之窗的烟花表演

烟花为什么能呈现不同的形状呢？

烟花的形状大致取决于两个方面：效果件和效果药。

效果件决定烟花总体形状，圆柱形效果件放出的烟花是不规则形状，球形效果件放出的烟花是规则的球形。

效果药内金属发色剂的种类决定烟花的颜色。效果药还可以根据设计者的构思有多种布局，可以呈现不同形态。

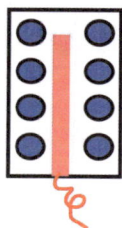

圆柱形效果件
不规则菊花形

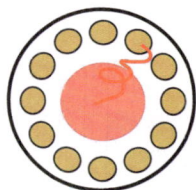

球形效果件
单层效果药同时点燃
规则菊花形

球形效果件
两层效果药延时点燃
两重芯菊花形

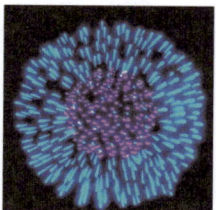

以上只是最基础的形状设计，要想设计出别出心裁的烟花形状，还需要天马行空的想象、严谨的计算和巧妙的程序设计。

迎客松是中国的名树，其形态充分展现了中国的自然之美；"迎客松"烟花正是表达了对外国朋友和运动员的欢迎，体现了中国的人文之美；同时"迎客松"烟花攻克诸多难关，展示了中国的科技之美。

2022年北京冬季奥运会开幕式"迎客松"烟花

打铁花是中国国家级非物质文化遗产，表演者将熔化的铁水击打在花棚上，溅起几米甚至十几米高的"铁花火雨"。在传统节日里，打铁花往往和放鞭炮、舞龙等一起搭配，是群众喜爱的传统节庆形式。

开封打铁花

你还能找到哪些被赋予特殊意义的烟花图片呢？请打印出来贴在下面。

青玉案·元夕

（宋）辛弃疾

东风夜放花千树。更吹落、星如雨。宝马雕车香满路。凤箫声动，玉壶光转，一夜鱼龙舞。

蛾儿雪柳黄金缕。笑语盈盈暗香去。众里寻他千百度。蓦然回首，那人却在，灯火阑珊处。

这优美的文字让我们穿越千年，畅想起上元佳节的美丽纷繁。但词人何尝不是借助烟花这样美丽的意象来表达对人生的感悟呢？

国学大师王国维曾赞誉"蓦然回首，那人却在，灯火阑珊处"为人生的第三种境界！

烟花是绚烂辉煌的，也是转瞬即逝的。

人的生命相对于亘古流长的宇宙来说不过一瞬，人要活得像烟花一般绚烂，才不枉此生！

你还能从哪些文学作品里找到与烟花有关的句子呢？请抄写下来和大家一起分享，并说说你的感悟吧！

摘抄自作品《　　　　　》

感悟：_____

_____

_____

_____

同学们，你们知道"仙女棒"吗？它可以在夜幕中写字、画画，真是太神奇了！你们知道这是什么原理吗？

　　视觉暂留现象，即视觉暂停现象，又称"余晖效应"。人眼在观察景物时，光信号传入大脑神经，经过一段时间，光的作用结束后，视觉形象并不会立即消失，这种残留的视觉被称为"后像"，视觉的这一现象则被称为"视觉暂留"。

　　仙女棒虽然好看，但同属于烟花爆竹，易燃易爆哦！同学们可以用同样效果的荧光棒或者手电筒来写一写、画一画，并拍下你们创作的美丽图形。

照片墙

烟花属于易燃易爆的危险品，我们有什么办法能在日常生活中欣赏到美丽的烟花呢？

电子烟花是利用 LED 灯光、彩色纸屑，结合哨子发出的啸叫声来产生与火药烟花相似燃放效果的环保型烟花。

数字烟花是利用 AR 技术绘制并配上相应音效的烟花特效，可以在电脑、手机上使用。2023 年 9 月举行的杭州亚运会开幕式改传统的实物烟花为数字烟花，体现了绿色环保的理念，同时又烘托了欢乐、隆重的氛围，为观众带来一场别开生面的视觉盛宴。

杭州亚运会开幕式的数字烟花

请拿起你的画笔，设计一款数字烟花的图案吧！

数字化美育实践基地

电脑和手机上有各种仿真化学实验室软件，同学们可以在家长的陪同下，在没有危险的情况下，尝试各种金属的焰色反应哦！请将你们的操作体验截屏或制作成视频与大家分享吧！

平台：电脑或者手机上的仿真化学实验室软件。

实验内容：选择氯化钠、氯化钾、氯化钙、硫酸铜和氯化锶等物质，分别混合酒精，点燃后，观察火焰的颜色。

操作及现象记录

遇见桥梁

赏港珠澳大桥之美，品中国工程建设者的优秀品质

> 鹏鹏，快看！蔚蓝的海面上，有一条巨龙蜿蜒而去，一头扎进了浩瀚无际的海洋里。美极了！

港珠澳大桥跨越在浩瀚的伶仃洋上，犹如一根银线，串起了香港、澳门、珠海三颗明珠。这座雄伟壮阔的"跨海长虹"，全长55千米，是世界上最长的跨海大桥。它前后历时14年建成，是集桥、岛、隧于一体的"超级工程"，是我国桥梁建设的又一丰碑之作，被誉为"新世界七大奇迹"之一。

> 这条巨龙跨过的是伶仃洋，一定是我国的超级工程港珠澳大桥！

这么美的超级工程，让我们从珠海出发，一路遨游探秘吧！

好呀！让我来介绍沿路的景标建筑吧！

九洲航道桥·风帆塔

九洲航道桥是主体工程三大通航孔桥之一，主塔为风帆造型。风帆塔高120米，相当于一座30层的建筑，如同一件庞大的海上钢铁艺术品，它与不远处的海岸线和城市高楼遥相呼应，远景近景错落有致，美不胜收。

江海直达船航道桥位于主体桥梁中部，也是港珠澳大桥的标志性建筑之一。桥面上竖起的三座"海豚塔"栩栩如生，最大的一只"海豚"高达110米，重量超过2600吨。为吊装这三只"大海豚"，建设者们用了整整一年的时间。

江海直达船航道桥·海豚塔

青州航道桥·中国结

青州航道桥是最具特色的一处设计，主塔"中国结"是港珠澳大桥的标志性景观。兼具传统韵味和现代气息的"中国结"镶嵌在163米高的索塔上部，结构巧妙、造型优美，寓意粤港澳三地共创大湾区美好未来。

三座通航斜拉桥像三个巨型雕塑屹立在海面上，是港珠澳大桥上三张美丽的名片。快看，夜幕下的港珠澳大桥，在灯光的渲染下，美丽极了！

同学们，"遨游"港珠澳大桥，给你们留下了哪些美的初印象？选几个你们感受最深的角度，用最美的文字记录在下面。

美的初印象

线条	造型		

一般的大桥都是直的，为何港珠澳大桥要建成曲线型的呢？是为了造型美观吗？

科学小知识

1. 曲线型的设计，更有利于对海水借势引导，降低海水冲击力对大桥的损害力度，延长大桥的使用寿命。

2. 海底崎岖不平，依照海底的地形设计合适角度的曲线桥梁，可以大幅降低建造成本。

3. 直线驾驶容易让司机视觉疲劳、思想松懈而发生交通意外。曲线型桥梁，能增加驾驶难度，让驾驶员集中精神，从而提高行车安全。

港珠澳大桥不只景观美，还创造了多项世界之最，还有 400 多项专利技术呢！

世界之最

世界上最长的跨海大桥
港珠澳大桥集桥、岛、隧于一体，全长 55 千米。

世界上最长的钢结构桥梁
桥梁的主梁钢板用量达到 42 万吨，相当于建 60 座埃菲尔铁塔的重量。

世界上最大的橡胶隔震支座
该支座承载力约 3000 吨，可为港珠澳大桥抵抗 16 级台风、8 级地震以及 30 万吨巨轮撞击。

世界上最长的海底沉管隧道
隧道全长 6.7 千米，海底部分约 5.6 千米，由 33 个巨型沉管组成。

世界上最大的起重船
承担最终接头的起重船"振华 30"，具备单臂固定起吊 12000 吨、单臂全回转起吊 7000 吨的能力。

东西两座人工岛像两艘美丽的大游轮，在海面上遥相对开。这两个 10 万平方米的人工岛是怎么建成的呢？

港珠澳大桥人工岛采用的是大直径钢圆筒和钢副格相结合的快速成岛施工工艺。简单地说，就是用一组巨型圆钢管直接插到海床上，然后填砂，快速形成人工岛。这个被国外专家认为至少要两三年才能建成的人工岛，港珠澳大桥的施工团队只用了短短 7 个月就完成了！

我们居然只用 30 多分钟就到香港啦！原来陆地通行可需要 4 小时呢！现在，珠海、澳门和香港三地都在"一小时都市圈"啦！真是太便利了！

美 的 再 感 知

同学们，这些让人震撼的数据，让你们对港珠澳大桥的美又有了哪些新的认识呢？和同伴说一说吧！你们也可以查阅资料，发现更多这个充满奇迹的工程背后的中国智慧。

你能通过查阅资料了解岛隧工程设计背后的故事吗？你从中感受到了大桥建设者哪些优秀品质呢？

港珠澳大桥海底隧道是集大成的高精尖工程啊！

建 桥 故 事

在港珠澳大桥建设之前，我国没有任何外海沉管隧道建设的经验，面对国外公司开出的 1.5 亿欧元的天价咨询费，建设团队咬牙决定：从零起步，走自主创新之路！在建设过程中，如何实现沉管深埋是个大难题。

在教科书上，沉管隧道只有刚性和柔性两种结构体系，下埋深度通常只有 2~3 米。港珠澳大桥为了预留 30 万吨级航道，沉管隧道需要深埋到海下 40 多米。技术攻关过程异常艰难！为了解决沉管深埋难题，总设计师林鸣和整个团队为之苦苦思索了两年多。有一天凌晨五点，睡梦中的林鸣脑海里突然闪出了一个概念——"半刚性"，他连忙给设计负责人发信息："尝试一下半刚性。"最后，他们终于获得了成功！

为了沉管隧道工程，林鸣和他的团队前后开展了 100 多项试验研究，最终形成了具有自主知识产权的港珠澳大桥外海沉管安装成套技术和装备。2015 年，他率领团队到荷兰做试验，荷兰公司专门升起了五星红旗欢迎中国建设者。

2020年，港珠澳大桥荣获第37届国际桥梁大会特设大奖——"超级工程奖"。这是我国桥梁工程首次荣膺该奖。这个工程标志着我国从桥梁大国走向桥梁强国。

你知道吗？

　　自中华人民共和国成立以来，中国建筑业飞速发展。一批批"高特精尖"工程向世界证明了中国建筑业的建造能力和水平。让我们以桥梁建设为例，一起来看看当今中国桥梁建设的盛况吧。

　　世界排名前十高的桥梁中，中国有八座；

　　世界排名前十的跨海大桥，中国有五座；

　　世界排名前十的斜拉桥，中国有六座；

　　世界排名前十的悬索桥，中国有七座；

　　世界排名前十长的大桥，中国有九座……

　　这是一代又一代建筑人一次又一次的攻坚克难、勇于创新，是新时代建设者们对理想信念的执着坚守、对工匠精神的生动诠释！

　　（资料来源：《上榜、屠榜、霸榜！看中国桥如何"超车"成王者》，微信公众号"共青团中央"，2021年4月13日）

读一读下面的小故事，想一想，人类在运用科学技术改造自然的过程中，要注意些什么呢？

港珠澳大桥经过的珠江口海域中，栖息着2000多头野生中华白海豚。中华白海豚又称"海上大熊猫"，它的生长对海洋环境要求极高。

"让白海豚不搬家"，是港珠澳大桥项目的建设目标之一。在大桥建设的过程中，项目组聘请了专门的观察员，如果发现白海豚，500米以内停工观察，500米以外施工减速。很多次，调皮的白海豚在施工区域一玩就是四五个小时，工人们都会停工，耐心等候。为了尽可能减少施工对白海豚的影响，大家坚持做到"宁可牺牲工期，也绝不能打扰白海豚"。最终大桥建设者通过优化主体工程设计，完善组织管理制度等举措，完美实现了中华白海豚零伤亡。

港珠澳大桥的建设，坚持把生态文明建设放在前所未有的重要地位，生态保护的理念贯穿大桥建设的全过程。它的成功，是海洋资源与生态保护攻坚战的重大胜利，是海洋生态保护的重要样本。

中国21世纪四大工程之一的青藏铁路，在修建过程中也非常注重生态保护。

为了保护藏羚羊的迁徙，青藏铁路建设团队在可可西里等生态环境保护区一共设置了33条动物通道。在施工过程中，建设者们严格执行严禁惊扰藏羚羊等要求。通过大家的不懈努力，现在，可可西里的藏羚羊已经完全适应了青藏铁路，能安全、顺利地穿越铁路。

无数个"从0到1"的创举，铸就了今天我国桥梁建设的辉煌成就。我们再来欣赏几座中国桥梁建设的丰碑之作吧！

峡谷奇观——湖南矮寨大桥

世界第一高桥——北盘江第一桥

科技创新我践行

请设计一款你心目中的"理想桥梁"。

将你的科技小创作上传到数字化美育实践基地，和大家一起分享你的创作。

数字化美育实践基地

1. 通过查阅资料、实地走访或是云端调研等方式，调查你所在地区一个基础建设工程项目，了解该项目利用科技手段在环保节能、生态保护等方面有哪些好的举措。

2. 把你的调研情况记录下来，上传到数字化美育实践基地，与同学们一起分享你的调研发现，并对存在的不足提出建议。

调研行动我能行

调研项目	
调研时间	
调研人员	
调研方式	
调研发现	
我的建议	

傲骨柔情

眼观、心识、意会，赏风清骨峻，养正气劲节

它，贵气十足，早在宋代就成为朝廷贡品；

它，名望极高，清代就是公认的四大园林奇石之一；

它，皱而多纹、瘦而耸削，文人墨客视为挚爱珍宝……

它嶙峋傲立，清逸高古，却拥有一个如花似玉的石种名称——英石。"英"作"花"解，始于东晋陶潜的"落英缤纷"。正是一身傲骨，满腔柔情！

美美，英石产于广东英德，听说天生就是"文人石"，我想研学一番！

英石文化有千年历史，要把它外在的天然美与内在的人文价值和人文精神联系起来，才能更好地读懂英石的精神与风骨。

发现美

英石，英德山溪中所产的一种石灰石，它质朴、简约，散发着天然的美。

英石讲究"天然去雕饰"，必须保持石头原貌，不经人为雕琢。认真观察上面的作品，用怎样的词语描述它才贴切？

天 然 美

形：	身形饱满	线条流畅	玲珑剔透	千姿百态
质：	坚硬如铁	皱皱嶙峋	_____	_____
色：	色泽青苍	湛黑温润		
纹：	纹理清晰	_____	_____	

英石有大小之分，用途也不一样哦！

大英石山景

小英石盆景

大有大材，小有小用，物尽其用，各美其美！

北宋四大家之一米芾（fú）爱石成癖，痴迷英石，以赏石为乐事，达到了忘我的程度，是当时最有名的藏石、赏石大家，被称为"米癫""石痴"。他对石下拜、拜石头为兄长的故事流传甚广。他创立了一套相石（鉴别石头）的理论——"皱、瘦、漏、透"四字诀，为后世沿用至今。

"石圣"米芾的相石四字诀，是什么意思呢？

纹理美妙 褶皱深刻 纵横交错 乱中有序	**皱**	**瘦**	形体优美 身材苗条 体态嶙峋 风骨凸显
流痕可见 滴漏明显 蜿蜒顿挫 分布有序	**漏**	**透**	孔洞通透 玲珑空明 孔眼遍布 相互连通

有了四字诀，我们也来学着相石吧！

纹理优美，褶皱深刻，毫不紊乱，可以占个"皱"字；

体态＿＿＿＿＿＿＿＿＿＿＿＿

＿＿＿＿＿＿＿＿＿＿＿＿＿＿

＿＿＿＿＿＿＿＿＿＿＿＿＿＿

听，古老的英石在向我们诉说着动人的故事……

宋代英石"天柱峰"，2015 年拍出 365.5 万元的天价。专家这样点评：

石色湛黑，透出青韵，间杂白、黄色石纹理，色泽莹润。石壁有穿透之岩洞、纵深之罅谷裂窍，石面满布皱皱嶙峋，其形如柱倚天，一峰峭竖特起，有直入昂霄之势。

赶快上网查一查"天柱峰"图片，看看此石"皱、瘦、漏、透"之神韵在何处？

有一方名为《正直老头》的英石，有着一个传奇的故事，请你查阅资料，写下来并讲给大家听。

嶙峋傲立，清高风骨

鉴赏美

英石就其质地而言，可分为阳石和阴石，让我们了解一下它们的异同……

阳石露于天

长期风化，质地坚硬，适宜做假山和盆景。

阴石藏于土

风化不足，质地松润，适宜独立成景。

共同点

不同点

从普通的石灰石，变身为珍贵的英石，这中间，它经历了什么？

日晒雨淋

英石还有"皱、瘦、漏、透"以外的美，记录下你的发现。

题英石

（清）陈洪范

问君何事眉头皱，独立不嫌形影瘦。

非玉非金音韵清，不雕不刻胸怀透。

甘心埋没苦终身，盛世搜罗谁肯漏。

幸得硁硁磨不磷，于今颖脱出诸袖。

色美	音美	形美
黝黑如铁	金声玉音	

这首诗不仅用拟人的手法引出"皱、瘦、透、漏"四字标准，还说到英石的"音韵清"，更重要的是将英石的内在精神——忧国忧民表达了出来。英石本身所具备的清高风骨和文人气质是相通的。

"风骨"诗句我来写

诗人：

诗句：

英石之美，不仅美在形态，更美在气质。

英石是有灵性、有情感的石头，它源于自然，带给人们自然美的同时，能激起人的情感波澜，达到情感共鸣，升华为人文美。

小莲池

西泠印社社员谁堂先生藏石"小莲池"是当代名石。依据右边的描述，想象"小莲池"的样子，试着画一画，再上网搜一搜。

自然美

黝黑温润，有一白筋曲折贯通，如悬泉。数峰合围，有千仞之像，状如莲花初绽，石中四陷如小池，可容水半杯……

人文美

小池中植绿萍十数点，莲叶田田。荡一小舟，盘桓其中，月淡香清，闲剥莲子而食之，乃几案间卧游之快事！

从无形到有形，变无声为有声，故英石有"石之花魂"的美称！

英石大多数瘦而有骨，皱而有范；中国传统观赏石中最能体现"瘦""皱"二字的就是英石。"瘦""皱"对应的是风骨，风骨更多的是代表气节、骨气或傲骨。古代很多文人很是孤傲，这并不是故作姿态，而是一种对自己人格的肯定和自我价值的自信，是对自己内心所向往精神（理想）的尊重。而英石所特有的风骨就是这种傲骨的"形象代表"。

2018 年，"英石假山盆景制作技艺"被列为国家级非物质文化遗产。英石假山盆景的制作分为选石、洗石、拌浆、制作等四个环节，根据个人喜好，或植上树，或种上草。可选用瓦盆、瓷盆、石盆等，很少用巨型盆，小的如碗碟大，如英石碟景。

英石碟景以英石为画笔，以碟子为画纸，绘制出山水田园画。它在咫尺见方的空间，呈现出一道道仪态万方的浓缩景观，既具自然美，又显艺术味，被喻为"立体的画，无声的诗"。

没有英石，可以用其他材料代替……

英石碟景制作

材料准备：

英石（可用其他材料代替）、碟子、植物、小饰品、画笔、颜料、胶水、镊子、刷子等。

制作要点：

1. 胸中有丘壑：选碟子，谋布局，挑英石（纹理一致），打底稿。
2. 素材要齐整：整理素材，洗刷英石，调好颜色，准备停当。
3. 制作要细心：先作画，再粘贴，加上小饰品，最后题字点景。

数字化美育实践基地

用优美的文字、诗意的想象，介绍你制作的英石盆景。

好听的名字：

优美的诗句：

动人的解说：

作品展示区

小讲坛

英石盆景主要有山水式、旱山式、树附石式、石附树式，造型主要有峰、峦、岭、峡、崖、壑、岛、矶、嶂、岫等，用料不多，有的一石成景，有的三五件造成。英石传入西欧国家后，宫廷、官邸、私人花园选用英石，叠山、拱门、筑亭基、饰喷泉。

雅韵古琴

闻曲赏琴、入境寻典，领悟古代文人的虚静高雅

> 鹏鹏，你知道这是什么乐器吗？

> 这是古琴呀！

  著名古琴演奏家管平湖先生演奏的《流水》，生动地奏出了流水的各种情态。旋律起首之音，时隐时现，犹如置身高山之巅，云雾缭绕，飘忽不定。

  1977 年 8 月 22 日，此曲作为中国声音的唯一代表，被录入美国"航天者号"太空飞船携带的一张镀金唱片上，发射于太空，用以向宇宙中的外星高等生物传达人类的智慧与文明。

  2003 年，中国古琴艺术被联合国教科文组织列入第二批"人类口头与非物质遗产代表作"。

古琴究竟有怎样的艺术魅力呢?

"高山流水"的故事家喻户晓,让我们一起来欣赏管平湖先生演奏的《流水》吧!

音 律 美

哇!古琴曲真特别,能让人心生宁静。古琴曲还有哪些美呢?快跟我一起记录下来吧……

圆润细腻 _____ _____

小讲坛

古琴原本叫琴,当西洋的钢琴、风琴等来到中国之后,它才改名为古琴。

古琴之古,已有几千年,远不可溯。在殷商甲骨文中,"乐"字的样子,如丝弦附在木架上,乃琴、瑟之类的弦乐器。

甲骨文"乐"

鹏鹏，我听到古琴曲里有很多不同的音色变化，有的空灵，有的绵长，好神奇呀！

古琴有三种音：泛音、散音、按音。让我们分别来听一听吧！

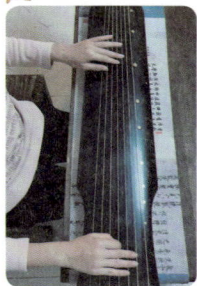

泛音，即左手触弦如蜻蜓点水，右手同时弹出之音。

泛音的特点是清脆高远，有时若隐若现，轻盈活泼，如天外之声，有"浮云柳絮无根蒂"之喻，故泛音象征天。

散音，即左手不按弦，仅以右手弹出的空弦音。

散音的特点是深沉浑厚，成为琴曲雄健的根基，如同大地般坚实，有"勇士赴战场"之喻，故散音象征地。

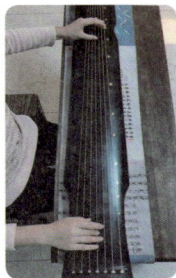

按音，即左手按弦，右手同时弹出之音。

按音的特点是婉转抒情，圆润细腻，如人婉婉倾诉衷情，有"呢呢儿女语"之喻，故按音象征人。

（古琴演奏：林琳/演示　李秀玲/摄影）

泛音
（天音）

散音
（地音）

音 色 美

按音
（人音）

让我们再来欣赏几首古琴曲，感受古琴的独特韵味吧！

《神人畅》

此曲表达了昔日部落领袖"尧"祭祀之时弹琴，奇妙琴声感动上天，使天神降临，与人们欢乐歌舞，共庆盛典。音调古朴粗犷，节奏铿锵有力。

《归去来辞》

根据陶渊明《归去来兮辞》创作而成。此曲天籁缥缈，沉醉而清幽，表达了一种从容的心境，面对红尘纷扰，静观人生百态。

欣赏古琴曲《良宵引》，将你感受到的意境写下来：

_____

_____

我们在欣赏古琴曲时，是否注意到有些琴音若隐若现？

琴乐的境界是无尽、无限、深微、不竭的，以最少的声音物质来表现最丰富的精神内涵，正是言有尽而意无穷。

聽琴圖

中国古代文人雅士常以琴会友，《听琴图》描绘的正是松下抚琴赏曲的场景。此图相传为宋徽宗赵佶创作于政和七年（1117），现藏于北京故宫博物院。画面正中一棵苍松，松下抚琴人轻拢慢捻，另二人坐于下首恭听，悠扬的琴韵似在松间流动。用静态的笔墨来描绘动态的音乐，这是绘画艺术与音乐艺术的完美结合。

意 境 美

清丽静远

为什么会有"古琴悦己，古筝悦人"的说法呢？

小讲坛

古琴最先应用于祭祀、朝会、典礼等隆重仪式中，因此得到古代文人雅士的青睐。古琴内敛含蓄，注重意境的表达与内心情感的抒发，讲究"娱己不娱人"。

古筝善于模拟日常生活中的声响，情感抒发直接明了，通俗易懂，因此用途广泛，宫廷和民间皆用古筝助兴以活跃气氛。

63

古琴有不同的样式，有以圣人名字命名的，也有以形状命名的，让我们一起来看看常见古琴样式吧！

伏羲式：伏羲是我们华夏民族敬仰的人文始祖，居三皇之首，相传古琴是其发明的。

仲尼式：又称为夫子式，相传为孔子所创，是至今最为常见的一种古琴样式。

凤势式：又称霹雳式，据《广博物志》记："列子尝游泰山，见霹雳伤柱，因以制琴，有大声。"

蕉叶式：琴体边缘似波浪上下起伏，如翻转的芭蕉叶；琴额有一长条浅沟，若蕉叶之茎，因此得名。

（古琴样式：段斌斫琴/摄影）

每一种古琴样式都蕴含着古人对美的独特理解和追求，它们不仅是乐器，更是文化和艺术的结晶。

器 形 美

古朴秀美　　曲线优雅

"琴、棋、书、画"历来被视为古代文人雅士修身养性的必由之径。琴即古琴,在四门传统技艺中居首位。古琴以"和、静、清、远"的艺术品格传递着弹琴者的精神境界。

孔子不仅是伟大的思想家、教育家,还是出色的音乐家。他很早就开始学琴,50岁的时候还向鲁国宫廷乐官——师襄拜师学琴,这体现了他"学而不厌"的品质。

邹忌是战国时期齐国相国。他用古琴的演奏方式来做比喻,告诉齐王治理国家的道理。这就是有名的"邹忌说琴谏齐王"典故。

陶渊明是一名诗人和隐士,他志存高洁,淡泊名利,"少学琴书",学得忘情,与琴不离不弃。读书、弹琴、饮酒,三位一体,构成了陶渊明生命独特的存在方式。

精 神 美

超凡脱俗

《诗经》是我国最早的一部诗歌总集，关于古琴最早的文字记载便出自《诗经》。你能在《诗经》里找到古琴的身影吗？查找资料，补充完整。

《国风·周南·关雎》	《小雅·鹿鸣》	
参差荇菜，左右采之。	_____	_____
窈窕淑女，琴瑟友之。	_____	_____
参差荇菜，左右芼之。	_____	_____
窈窕淑女，钟鼓乐之。	_____	_____

小任务

1. 古琴有很多美丽的名字，请在下面的诗文中圈出来吧！

但当体七弦，寄心在知己。

——（汉）嵇康《酒会诗》

蜀僧抱绿绮，西下峨眉峰。为我一挥手，如听万壑松。

——（唐）李白《听蜀僧濬弹琴》

陟险齐双屐，逢幽鼓七丝。

——（宋）赵抃《游青城山》

久厌凡桐不复弹，偶然寻绎尚能存。

——（宋）苏辙《大人久废弹琴比借人
雷琴以记旧曲十得三四率尔拜呈》

2. 你能为古琴起一个名字吗？

中国十大古琴名曲，指的是《潇湘水云》《广陵散》《高山流水》《渔樵问答》《平沙落雁》《阳春白雪》《胡笳十八拍》《阳关三叠》《梅花三弄》《醉渔唱晚》。

请查一查古琴名曲背后的故事吧！

《广陵散》，即古时的《聂政刺韩傀曲》。战国时期，聂政的父亲为韩王铸剑，因延误工期惨遭杀害，聂政立志为父亲报仇，入山学琴十年，习成绝技，名扬韩国。韩王召唤他进宫演奏，聂政终于实现了刺杀韩王的报仇夙愿，自己毁容而死。后人根据这个故事，谱成琴曲，慷慨激昂，气势宏伟。

随着传统文人阶层的消失，古琴一度被掩埋在了时光里，但是古琴所承载的中华文化和人文底蕴一直都流淌在中华儿女的血脉中。在生活中，你能找到古琴的身影吗？

数字化美育实践基地

　　古琴受到越来越多现代人的追捧和喜爱，学校古琴社马上要开始招募社员啦！结合所学知识，请你为其设计一款独一无二的海报，并上传至数字化美育实践基地吧！

温润如玉

解玉，寻玉，吟玉，颂玉，探寻玉文化里的高贵情操

2008 年北京奥运会的运动员奖牌都是金（银、铜）镶玉呢！玉是中国人自古以来对和平的美好夙愿，你听说过化干戈为玉帛的典故吗？

相传大禹治水之后，在部族中建立了很高的威望。他拆掉了保护自己的高高城墙，填平了护城河，以亲近百姓。他还把自己的财产分给了人民，毁掉了兵器，以自己的道德熏陶人民，以德化民。在大禹的治理下，夏朝国泰民安，其他的部族都钦慕于夏朝，纷纷献上玉帛归顺大禹。这就是"化干戈为玉帛"。

后来，玉不仅仅是君王品德的化身，也成为学识渊博、有涵养的人对品德追求的信物。孔子也曾说"君子比德于玉"，玉所具有的品质正是古代谦谦君子们终身追求的目标。

鹏鹏，我看过许许多多的宝石，它们的光泽都太耀眼了，只有玉，是那样柔润，就像月光洒在了绸缎上一样！太美了！

玉石是我国谦谦君子高贵品格的象征。我们一起来为玉的品格寻找合适的形容词吧！

玉的特征	形容词
表面光泽温润，滑如油脂	例：谦虚、低调
较坚硬，不易磨损	例：坚强不屈
触感冰凉，不易划伤人	
以杂质少、通透为贵	
融合多种矿物，颜色和品种多样	
形成过程漫长	

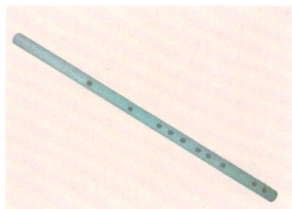

玉笛（玉之声）

谁家玉笛暗飞声，散入春风满洛城。

——（唐）李白《春夜洛城闻笛》

玉碗（玉之味）

兰陵美酒郁金香，玉碗盛来琥珀光。

——（唐）李白《留客中行》

玉阶（玉之感）

玉阶生白露，夜久侵罗袜。

——（唐）李白《玉阶怨》

"王"字旁同时代表玉，有许多汉字都和玉有关。你能说出几个带有"玉"和"王"字旁的汉字吗？想一想，"玉""王"在这个汉字里有什么含义呢？

"王"字旁

例：琢——雕刻玉器。

"玉"字旁

例：璧——玉器，扁平，圆形，中间有小孔。

鉴赏美

《千字文》里有："云腾致雨，露结为霜。金生丽水，玉出昆冈。"鹏鹏，你听说过玉出昆冈的典故吗？

这两句说的是云气上升遇冷变成了雨，夜里露水遇冷凝结成了霜。因此金沙江畔的寒冷生出珍贵的黄金，而昆仑山上的寒冷凝结了宝玉。昆仑山是我国玉石的源头，这里还有著名的西王母献玉的传说呢！

我们还能在诗词歌赋里见到玉的身影，一起找找吧！

举　例	美学意象
花钿委地无人收，翠翘金雀玉搔头。 ——（唐）白居易《长恨歌》	以玉饰状态暗示杨贵妃凄凉惨状
碧玉妆成一树高，万条垂下绿丝绦。 ——（唐）贺知章《咏柳》	以碧玉比喻春天嫩绿的柳叶

在天安门前后，各有一对华表。"华表"又称作"望柱"，由汉白玉雕刻而成。柱头上立神兽犼（hǒu），意为督查，警示君王。门前的犼面朝外，意为"望君归"，希望君王出宫尽快归来；而门内的犼面朝内，意为"望君出"，希望君王走出殿门，体察百姓疾苦。这既体现了君王权威的庄重肃穆，又体现了百姓对明君的殷切期望。

《周礼·春官·大宗伯》中记载：

以玉作六器，

以礼天地四方：

以苍 璧 礼天，

以黄＿＿＿礼地，

以青＿＿＿礼东方，

以赤＿＿＿礼南方，

以白＿＿＿礼西方，

以玄＿＿＿礼北方。

璧

琮

圭

璋

琥

璜

在悠久的中国文化发展史上，我们的先辈创造了许多和"玉"有关的成语。透过这些成语，我们可以感受到玉蕴含的深厚文化内涵和崇高精神追求。

蓝田生玉

蓝田是古代产玉的山名，比喻贤父生贤子，名门出贤子弟。

琨玉秋霜

琨玉指美玉，秋天的霜清冷刚劲，洁白无瑕，比喻人坚贞刚毅。

冰清玉洁

比喻人的操行像冰那样清澈透明，像玉那样洁白无瑕。

飞泉鸣玉

形容声音如泉水飞溅、玉石相击一样好听。通常用来形容乐器声音的美妙。

玉文化包含着"宁为玉碎"的民族气节，"化为玉帛"的友爱风尚，"润泽以温"的奉献品德，"白璧无瑕"的廉洁品行。

中国人仍保持着崇玉、爱玉、佩玉、赏玉的习惯，因为玉承载着优秀的传统文化，蕴含着丰富的内涵。

创造美

问一问，找一找。看看你身边有没有相关的玉石，或者你从书上看到、印象深刻的玉石，与班里的同学说一说这块玉石的来历，开一个玉石故事会吧！

玉石名称	例：东陵玉
出　处	
玉的样子	
玉的故事	
美的感悟	

小组内互相交流玉石故事，并做出评价。

序　号	评价内容	评　星
1	故事描述很精彩	☆☆☆☆☆
2	玉令我印象深刻	☆☆☆☆☆
3	我喜欢玉的样子	☆☆☆☆☆

数字化美育实践基地

鹏鹏，在我们广东深圳，有一个全国知名的珠宝玉石基地，我们一起去看看吧！

好呀！我们去观察各式各样的玉石，然后亲手设计一件作品吧！

设计人	
作品名称	
设计理念	
设计图	

后　记

在深圳市龙华区民治中学教育集团党委的引领下，这套"美育实践丛书"得以呈现，我们倍感自豪。本项目得益于广东省委宣传部原副部长顾作义先生和广西教育出版社原总编辑李人凡老师的悉心指导，凝聚了民治中学教育集团教师团队的智慧与汗水。项目始于2021年初，完成于2024年，旨在通过美育实践，培育学生的审美情感与创造力，实现以美育人、以美化人的目标。

在深圳市教育科学研究院的批准下，在深圳市龙华区教育局和教育科学研究院的指导和支持下，我们组建了以莫怀荣书记、校长为主持人的课题组，负责课程体系的构建与课程内容的开发研究。其中，莫校长负责全面统筹项目，张德芝校长和徐莉莉副校长负责人文美板块，戴蓉校长和辜珠元老师负责艺术美板块，何星校长和陈妍老师负责自然美板块，吴朝朋老师负责科技美板块，彭智勇校长和郭金保老师则负责手绘插画设计的统筹和推进工作。

在编写过程中，徐莉莉副校长担任丛书第六册组长，朱丹、曲瀚文老师担任副组长，共同肩负课程内容研讨与书稿审读的重任，方日华老师后期还兼任了一段时间的组长，负责该册书最后出版准备工作的对接。各课的编写分工如下：朱凌老师《诗意姓氏》、谭嘉雯老师《粤韵芳华》、眭娟娟老师《候鸟家园》、王芮老师《奇妙烟花》、方日华老师《遇见桥梁》、张德芝老师《傲骨柔情》、殷鑫老师《雅韵古琴》、韦思怡老师《温润如玉》。刘恋老师则负责整册书的手绘插画，为手册增添了形象、生动的韵味。

"美育实践丛书"不仅是民治中学教育集团美育实践课题研究的丰硕成果，更是我们对美育深刻理解和创新实践的生动展现。我们期待这套丛书能够为学生提供丰富多彩的美育体验，激发他们的创造力和审美能力，引领他们在美的海洋中遨游，发现自我，启迪智慧，滋养身心。

　　在"美育实践丛书"即将与广大师生见面之际，我们满怀感激之情。回首将近3年的研究和编写工作，我们收获了太多的感动。感动于我们这个团队在美育课程体系建设和课程开发研究道路上的执着追求和不断探索；感动于和我们并肩前行、可亲可敬的两位专家对整个项目的策划和丛书撰写提供反复、深入的指导；感动于暨南大学出版社阳翼社长和周玉宏、武艳飞主任，以及编辑老师们在书稿编辑过程中给予的耐心、细致的帮助。因编写需要，丛书大部分图片由视觉中国授权使用，其他图片由潘洁玉、武艳飞、刘蓓等提供。书中个别未联系到的图片作者请与出版社联系，以便支付薄酬，在此一并表示感谢。

　　我们坚信，美育不仅能够提升学生的审美情感和创造力，更是培养学生全面发展的重要途径。未来，我们将一如既往、继续努力，为教育界的同行提供更多有价值的经验和启示，共同推动新时代美育事业的发展。我们也清醒地认识到，由于我们的研究水平和实践能力有限，本套丛书还存在不足之处，有待进一步完善。因此，我们真诚地希望全国各地的教育工作者和读者在实际应用这套丛书的过程中，能够及时向我们反馈使用体验，提供宝贵的意见和建议，以便我们不断改进和完善，更好地服务于新时代学校美育实践的需要。

深圳市龙华区民治中学教育集团

2024 年 8 月